「ことば」と「かず」の
基礎が身につく

平山許江の

# 知育あそび

平山許江／著

# もくじ

# 型紙

 マークのあるページにはコピー型紙が、

 マークのあるページには QR コードによる解説があります。

# は じ め に

　泣くばかりで人の世話なしには生きて行けない赤ちゃんも、やがてことばを覚え、かずを数え、新しい知識を増やしていきます。じつはこうした能力を獲得するためには、それに"ふさわしい環境"が必要です。

　子どもの生活は「知らない！」「できない！」との出会いに満ちています。だからといってそうした出会いが未来の希望を失うものであっては困ります。未知のことだからこそ「知りたい！やりたい！」と意欲をもつことが大切です。そして、そうした気持ちを育むのが保育者の役割であり、「ほんとうの知的教育」です。

　本書は子どもの知的発達を促すあそびの保育実践を写真やイラストで具体的に紹介しています。また、すぐに同じ保育が実践できるように教材の型紙ページを設けました。最初はこれらをヒントに実践してみてください。その次には、自分のクラスの子どもの姿に合わせて、簡単にしたりもっと難しくしたり、オリジナルな教材に変化させてください。

　また、QRコードから動画による解説を見ることができる項目もありますのでご利用ください。

　本書を通してそれぞれの園で「ほんとうの知的教育」が実践され、子どもたちの知的発達があそびの中から育まれることを願っています。

　各テーマをさらに詳しく知りたい場合は、「ほんとうの知的教育シリーズ」の『①幼児の「ことば」の力を育てる』『②幼児の「かず」の力を育てる』『③環境構成の工夫』『④乳児の知的教育』(いずれも世界文化社刊)をご覧ください。

平山許江

# ことばあそび

　「ことば」はコミュニケーションの道具であり、思考の道具です。「もじ」は消えていくことばを残す便利な道具です。道具は正しく使わないと役に立ちませんし、正しい使い方を覚えるのは簡単ではありません。

　だからと言って、急がされたり、叱られたりしながら学ぶのでは嫌になってしまいますし、教える側にとっても負担です。

　子どもにとっては、楽しくあそんでいるうちに上手に使えるようになっている。保育者にとっては、楽しいあそびを保育に組み込むことで、無理なく子どものことばの力を育てることができる。

　そんな楽しいことばあそびをたくさんしていきましょう。

# ひらがなビンゴ

「誰が一番はやく
たて、よこ、ななめのラインが
そろうかな？」。ゲームで競いながら、
文字への興味を引き出しましょう。

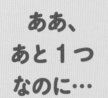

ああ、
あと１つ
なのに…

### あそび方

**1** 自分の名前と同じ文字は、はじめ
から○で囲んでおく。

**2** 読み手はカルタの絵札を使って、
ひらがなを１字ずつ読み上げる。

| い | ふ | お | ち | し |
|---|---|---|---|---|
| え | わ | む | な | ま |
| さ | み | け | あ | り |
| く | や | ん | つ | ら |
| ゆ | る | て | も | た |

ビンゴ！

**3** たて、よこ、ななめ、どれか
１列がそろったらビンゴ！

ひらがな
ビンゴ

6

ビンゴ！
ごほうび
もらっちゃった！

シールや手作りの賞品を用意しておいても楽しい！

### 濁音や似ている文字のビンゴも

「は・ぱ・ば」「ろ・る」「め・ぬ」「さ・き」など、濁音や形が似ている文字のビンゴであそぶのも楽しいです。ひらがなを読む、ひらがなの形を覚えるなどのために、ビンゴを大いに活用しましょう。

### ひらがなは教科書体で

ひらがなにはいろいろな書体があります。どれが正しくてどれが間違いというわけではありませんが、園で使う文字は、小学校の国語の教科書に使われている教科書体にそろえましょう。

### 文字への興味を引き出す

文字が読める子しか楽しめないのでは困ります。文字が読める子と読めない子をペアにしましょう。文字が読める子の手を借りているうちに、読めない子も文字への関心が出てきます。

楽しくあそぶために

 コピー型紙　ひらがなビンゴ　62 ページ

コピー型紙　教科書体の 50 音表　52 ページ

いえいえ、次々にことばを連想していくことを通して、子どもたちの語彙は豊かになり、言語感覚も研ぎ澄まされていきます。

# 唱え歌
とな

幼い頃、みんなで唱えましたね。最後のフレーズが言いたいため？
いえいえ、次々にことばを連想していくことを通して、
子どもたちの語彙は豊かになり、言語感覚も研ぎ澄まされていきます。

## みんなで唱えよう！

57ページのイラストをコピーして、
「さよならさんかく」の唱え歌の
絵カードをつくりましょう。
しかくはとうふ⇒とうふはしろい⇒
しろいはうさぎ……と絵を見ながら、
ことばの輪をつないでいきましょう。

しろいは うさぎ

うさぎは はねる

しかくは とうふ

とうふは しろい

またきて しかく

さよなら さんかく

はねるは かえる

かえるは みどり

みどりは きゅうり

きゅうりは ながい

ながいは でんしゃ

でんしゃは ゆれる

ゆれるは ゆうれい

ひかるは おやじの はげあたま

でんきは ひかる

きえるは でんき

ゆうれいは きえる

 コピー型紙 　唱え歌　57ページ

**8**

# 唱え歌オリジナルバージョン

さよならさんかく、またきてしかく、しかくは……？
この後に続くことばを考えましょう。前の人の言ったことばから連想されることばを次々とつなげていきます。緊張するとイメージがわきません。
順番がきた子だけが考えるのではなく、みんなで「どこまで長く言えるか」を目標にして、にぎやかにつなげるといいでしょう。

ふわふわは
わたあめ

パンは
ふわふわ

しかくは
パン

わたあめは
あまい……

ことばだけでなく
絵も添えておくと、
よりイメージしやすく
なります。

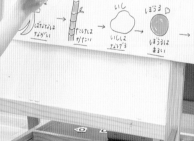

長いのは
つなひきのつなです

ゾウの鼻は
長いです

丁寧なことばで唱え歌

慣れてきたら、「ゾウの鼻は長いです」「長いのは綱ひきの綱です」と、丁寧なことばではじめてみましょう。後に続くことばもしぜんに丁寧になります。あそびを通して、ことばへの感覚を磨きます。

今日は13以上、言葉をつなげられるかな？

※71ページにワンポイントアドバイスが載っています。

# へんてこ ひらがな

文字を「書くこと」は、「読むこと」に比べて習得までに時間がかかります。鏡文字になったり、ゆがんだ形になったり、大きさが揃わなかったり、他人が読める字を書けるようになるまでには、たくさんの練習が必要です。じょうずに書けないことを恥ずかしがったり、隠したりすると、ますます書きたくなくなります。「へんな字」「おかしい形」などを楽しむ活動をたっぷりしましょう。

## モールや粘土を使って

モールや細長くした粘土を使って「の」、「へ」、「ひ」、「つ」、「く」、「る」など、一筆書きから始めましょう。すぐに慣れて、一筆では書けない「自分の名前」や「好きなこと」の字などにも挑戦するようになります。

わたしのなまえ、できた！

### 見本は教科書体の字

子どもがひらがなを書くとき、手本にする書体は小学校で習う教科書体にします。例えば、「さ」ではなく、「さ」になるよう注意します。よく見える場所に、見本の文字を貼りましょう。1字ずつ切り離しておくと、子どもが自分で書いた字と並べて比べられるので便利です。

| た | さ | か | あ |
|---|---|---|---|
| ち | し | き | い |
| つ | す | く | う |
| て | | | |
| と | | | |

ひらがなのかたち

ぼくの好きなスポーツ、なんだかわかる？

# 2 ＼ 水で字を書く ／

地面に水で字を書いてみるのも楽しいあそびです。洗剤の空き容器のように水の出方を調節できるものが便利です。ペットボトルやジョウロなど、あえて水の出方の調節が難しいもので書いてみるのも楽しいでしょう。「へんな字」になればなるほど、「みてみて」と自慢したり、笑いあう雰囲気が生まれます。元の字の形を知っているからこそ、笑いが生まれるのです。

大きい字を
書くのも、
かんたん！

ハートマークも
素敵でしょ？

へんな字からきれいな字へ

子どもが「へんな字」を十分楽しんだら、今度は「きれいな字」に関心を移していきます。どこを直したらよいかが具体的にわかるように、「ここがもう少し丸くなってるとよかったのに惜しい！」などと、修正する箇所に注意を促します。また、子どもが頑張っている箇所やよくなった点も、「最後が長くなったのできれいだね」などと、具体的にほめましょう。

丸める線が
きれいに
かけてるね!!

じょうず!!

# 3 ＼「なわ」で文字づくり ／

「み」「や」「ま」「え」、
園の名前が完成！

クラスの名前や、ペットの名前など、書きたい字を決めて、
友だちと協力しながら、なわ跳びの「なわ」で書いてみましょう。

「や」は
どう書くん
だっけ？

「ま」、どこかが
違うみたい

ことばあつめカード

ひらがなは1音1文字が原則です。
ことばを単語のまとまりとしてとらえるのではなく、
1音ずつの音から成り立っていることが
意識できるようになると、文字の習得が一気に進みます。
それにはまず、ことばのはじめの音に注意を向けます。

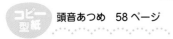

**コピー型紙** **頭音あつめ　58ページ**

画用紙1枚に1音ずつ、50音の絵カードを貼って、頭音が同じことばを集める台紙を44枚つくり、それぞれの音からはじまることばをあつめましょう。

# ことばあつめカード

あちち

「あ」で　はじまる　ことばを
あつめましょう。

しましま

ことばあつ　
「し」で　はじ
あつめましょう。

かして

ことばあつ
「か」で　はじま
あつめましょう。

# 「か」のつくことばを集めよう！

かめむし

かれえ

かきごおり

これは、
「かして」の「か」。
ほかに、頭に
「か」のつくことば、
知ってる？

かぶき

## はじめは集めやすい音から

「あ」から50音順に集める必要はありません。一番集めやすい「か」から始めましょう。ことばは、「かめ」「かに」などの名詞にこだわらず「かして」のような話しことばや、「かあかあ」「かんかん」などのオノマトペまで許容範囲を広げると、あそびが盛り上がります。「さ行」や「ら行」は、さかなが「タカナ」、ライオンが「ダイオン」になってしまうなど発音しにくいので、後回しにしましょう。

※写真では保育者が子どものことばを
文字で書き取っていますが、集めることばは絵で描いてもかまいません。

## 難しい音は
## あそびに慣れてから

「がぎぐげご」などの濁音や「ぱぴぷぺぽ」、「しゃ、しゅ、しょ」「しゃあ、しゅう、しょう」などは最初はとりあげず、あそびの過程で必要になったらつけ加えていきましょう。

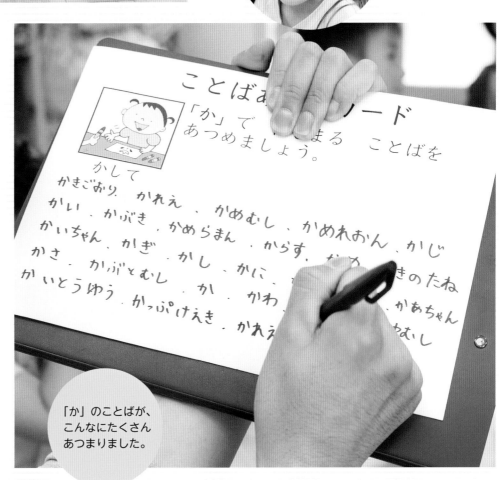

ことばあつめカード
「か」ではじまる ことばを
あつめましょう。

かして

かきごおり ・ かれえ ・ かめむし ・ かめれおん ・ かじ
かい ・ かぶき ・ かめらまん ・ からす、
かいちゃん ・ かぎ ・ かし ・ かに、
かさ ・ かぶとむし ・ か ・ かわ
かいとうゆう ・ かっぷけえき ・ かれえ

「か」のことばが、
こんなにたくさん
あつまりました。

※71ページにワンポイントアドバイスが載っています。

# おはなし読みます

あそび方

「森に、手袋が落ちていました ……」。
絵に合わせて、話すことができるかな？
ストーリーを話そうとすると、自然に丁寧な話し方になります。
ふだんの話し方とは違う、聞き手を意識して話すことを
経験するためのあそびです。
よく知っている絵本なら、楽しみながらできます。

よく知っているおはなしを壁やボードなどに並べて貼っておきます。

**あそびの ポイント**

## 「話しことば」と 「書き言葉」

ことばには、2種類あります。1つは「話しことば」。もう1つは「書き言葉」です。「話しことば」は会話のときに使うことばなので、子どもたちは毎日普通に使っています。一方「書き言葉」は、改まった言い方であり、文章を書くときに使う言葉です。例えば、「散歩に行きました」は書き言葉です。子どもたちは普段使うことがないからこそ、いつもとはちょっと違った気分で、「先生がみんなに話す」ときのように話す体験をすることが大切です。

※71ページにワンポイントアドバイスが載っています。

話をしたい子が、画面を追って話をしていきます。たいていはあっという間に終わってしまいますが、よく知っている話であり、絵が貼ってあるので、聞いている子どもたちも混乱しません。

これで　おはなしは
おしまいです。

うさぎさんが　きて
「わたしも
いれて　ください」と
いいました。

くまさんも　きました。
でも、もう　はいれません。

「てぶくろ」を
話してくれる
人はいますか？

# 音のしりとり

「しりとり」は、子どもたちが好きなことばあそびです。
でも、きょうの「しりとり」は、いつもとはちょっと違います。
「でんしゃ」に続くのは頭音が「や」のことばではなく、
「しゃ」ではじまることばです。
耳に聞こえる音を、そのままつなげていきます。

 音のしりとり　64 ページ

でんしゃ → しゃしょう → しょうがっこう → こうちゃ → ちゃいろ

## いつもと違う「しりとり」

文字を知っている子は、「でんしゃは、"しゃ"と書くから、続けるのは"や"の
つくことばだ」と言うかもしれません。そんなときは、「字で書くときはそうだね」
と認めてから、「でも、今日は難しいやり方だよ」と話して、挑戦する意欲を掻き
立てます。最初は、ルールが呑み込めるように、絵を使って説明しましょう。

あそびの
ポイント

どちらも
OK!!

せんせえ
↓
えいが!!

センセー
↓
セーター!!

## 細かなことは気にせず、楽しくあそぶ

「せんせい」を「センセー」とつなげ
て発音する子もいれば「セ・ン・セ・エ」
と一音ずつ区切って言う子もいるでしょ
う。そんなときは、どちらかを正解
にする必要はありません。その子に聞
こえている音を大切に「セー」や「エ」
に続くことばをつないでいきましょう。

 耳に
聞こえる音

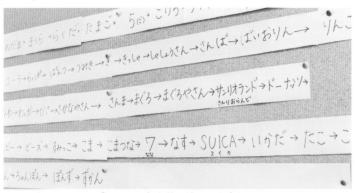

長くつながっていく「しりとり」を壁に貼っても楽しい。

## 「長くつなげる」ことを目標に

長くつなげるためのルールにすると、みんなが自由に発言して、賑やかに考える雰囲気が生まれます。

ルール① 「ん」で終わることばも「しゃしん→しんかんせん→せんたっき」のように、その前の音と一緒にしてつなげる。

ルール② 「かきくけこ」や「さしすせそ」は、「がぎぐげご」や「ざじずぜぞ」に変えてもOK。
「はひふへほ」は「ばびぶべぼ」や「ぱぴぷぺぽ」に変えてもOK。

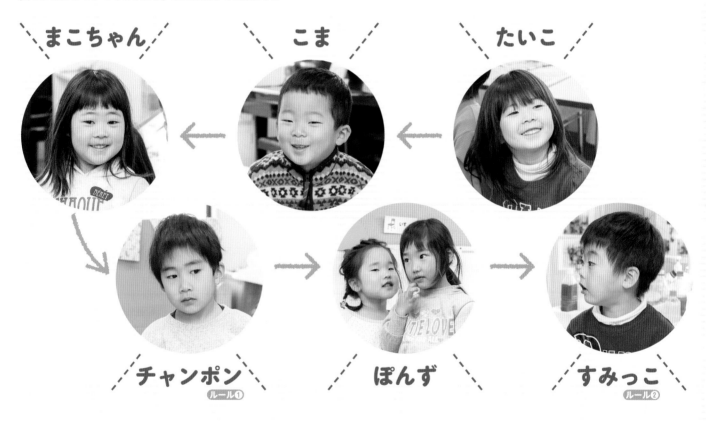

まこちゃん　こま　たいこ
チャンポン（ルール①）　ぽんず　すみっこ（ルール②）

### ちょっとインチキでもOK

ことばが見つけにくい「ぬ」や「ら」「る」のときは、「ぬるぬるどろんこ」や「らんらんらんうたおう」「るんるんうれしいな」など、ちょっとインチキでもいいことにします。

### ことばが見つけられない子には

ことばを知っていても、そのことばが1つ1つの音で成り立っていることが理解できないと、しりとりはできません。そこで、「つくえ」が「つ・く・え」と3つの音で区切られていることが意識できるような援助をします。ことばを言いながら「♪・♪・♪」と手を叩いたり、子どもの肩をポン、ポン、ポンと叩いて、音の区切りを伝えます。そして、子どもがことばを探す手掛かりになるように、語尾の音をくり返して聞かせます。

つ・く・え!!
ポン・ポン・ポン!!

る　るる
るんるんうれしいな!!
あはは　あはは

# ことばさがし

ことばをたくさん覚えても、音と文字を結びつけるまでには時間がかかります。最初は自分の名前の文字など、読める文字を見つけ、その文字をつなげて「ことば（単語）」にします。ことばを作るために必要な文字を探すことで、読める文字を増やしていきましょう。文字積み木を使うと、立てたり上に積み上げたりできるので、楽しくあそべます。

## 文字積み木でことばさがし

文字積み木の山から、自分の名前や知っていることばの文字を見つけて並べます。慣れてきたら、長い文章も作ってみましょう。

わたしのなまえ、みつけた！

はるか

字をよく読めない子には……

まだ字をよく読めない子がいる場合は、「い、り、こ」「く、へ」などの似ている文字は、下にラインをつけて、読みやすくしましょう。

これは『い』だ！

全部で11文字。長いでしょ？

ふたりのなまえが、くっついちゃった

おねえさんのしろいくつ

ゆあやね

# ことばさがしカード

| | | | | |
|---|---|---|---|---|
| ふ | ね | こ | ま | ち |
| ゆ | お | い | た | う |
| つ | も | か | さ | る |
| わ | し | ら | め | え |
| あ | り | す | な | は |

ビンゴカードのように 5×5 マスの中にひらがなを 1 字ずつ書いておきます。縦、横、斜め、並んだ文字から単語を探します。どんな単語が見つかるかな？

コピー型紙　ことばさがしカード
63 ページ

> いろんなことばがかくれているね

> 見つかったことばは、ボードに書いていきましょう

| | | | | |
|---|---|---|---|---|
| ・あり | ・かさ | ・いも | ・わし | かめ |
| ・ありす | さる | いか | なす | あし |
| ・りす | うた | ふね | おゆ | あゆ |
| ・らめ | まち | フォ | はえ | かた |
| ・はな | こまち | すな | め | しか |
| ・たいこ | こま | ふゆ | え | かし |
| ・こい | かもつ | | ねこ | ㉝ |

> 見つかったことばは
> 全部で 33

　※71ページにワンポイントアドバイスが載っています。

# 箱の中のもの、なあんだ？

ヒントを出したり、質問したり、ことばのやりとりをして箱の中に隠したものを当てます。条件に当てはまるものを考えたり、新しいことばを覚えたり、クイズを楽しみながら知性を育みます。

## はこの なかの もの

箱の中にひとつ「品物」を隠しておきます。
ヒントを出す人は、その「品物」の特徴を
次々と挙げていきます。
ヒントのことばをたよりに「品物」が
なにかを当てます。

なあんだ？

先生とヒントを相談して

せいかいです！

わかったあ！
トライアングル！

さんかくです
ひかっています
いいおとがします

# はこの なかの おはなし なあんだ？

子どもたちがよく知っている
お話の絵本を隠しておきます。
お話の登場人物などの
ヒントをたよりに、
絵本の題名を
当てます。

せいかいです！

わかった！
あかずきん！

> おんなのこが　でてきます
> あたまに　ぬのをかぶっています
> おばあさんの　おみまいにいきます

やったあ！

## 指導上の留意点

### 正解に導くための援助

赤いです！

青や黄色の
ものもあります

えーと…

大きい
ですか？

赤ちゃんのは
小さくて
パパのは
大きいです

・出題者のヒントは「品物」に限定されがちなので、
　保育者が補足して、一般的な特徴に広げましょう。
　子「赤いです」→保育者「青や黄色のものもあります」
・回答者の質問は「大きい？」「重い？」など感覚的になり
　がちです。「洗濯ばさみより小さい？」「ドッジボールより
　重い？」など具体的にイメージできるよう、補足しましょう。

### ヒントが出せない子への援助

庭にありますか？

う〜ん

Yes！

砂場で
使いますか？

Yes！

Yes!!

回答者が「おもちゃですか」「砂
場で使いますか」などの質問を
して出題者は「YES」「NO」で
答えていきます。

### こたえのレベルを加減する

のりもの!!

ショベルカー!!

ミニカー！

みんな
正解!!

子どもの能力や集中時間に応じて、正
解のレベルを加減しましょう。ほんと
うの正解は「ショベルカー」であっても、
「のりもの」「ミニカー」など正解の幅
を広くします。

クイズ
の出題

21

# 絵本の表紙でかるたあそび

ことばの習得の第一歩は「聞く」です。
二番目は、それを真似て「話す」です。
「聞く」ことと「話す」ことを、楽しくあそびながら身につけましょう。

とんでった バナナ

はじめてであうえほん
ぷちワンダー

作・片岡 輝
絵・伊藤 春奈

9

## あそび方

**1**

いろいろな絵本を床にひろげる。月刊絵本など、表紙の絵がはっきりしているものを選ぶ。

**2**

はじめは保育者が「読み手」になる。絵本を1冊選んで、かるたの読み札のようなリズムで読む。

あまだれ　ぽつぽつ
あめふり　くまさん

**3**

はあい、
これです！

慣れてきたら、子どもが交代で「読み手」になります。

22

慣れてくると、だんだん「かるたの読み札」
らしい文章で話せるようになっていきます。

ひらひら
ちょうちょう
ぞうさん
こんにちは

おひさま
ぽかぽか
ぞうさん
おすわり

調子のよい
リズミカルなことばで
話すように

ぞうが
のはらに
すわっています

ぞうが
すわっています

話し方を工夫しよう

最初は、絵に描かれているものの
単語を並べるだけ。

ぞう、とり、
ちょうちょ、
はな・・・

ぞう、
おすわり

絵の情景を文章として
話すように

---

## ことばがすらすら言えない子には

　「うさぎ。うさぎ」と単語をくり返すだけで、説明が
続かない子がいます。そんなときは、その子がどの本
について話しているのか見当をつけて、「うさぎは、
バケツを持っていますか？」などと保育者が質問をし
て、読み手の「はい」「いいえ」の返事を引き出します。
それに従って「うさぎは、バケツを持っているんだっ
て」などとみんなに伝えます。

### あそびのバリエーション
## かるたの絵札であそぶ

　かるたの読み札をすらすら読める子どもは多くありません。子どもだけのとき
は、絵札だけを使って「絵本の表紙のかるた」と同じようにすると楽しくあそ
べます（かるたの絵札には、文字が1字書いてありますが、読むときは、その
文字を使っても使わなくても、自由に話してよいことにします）。

　※71ページにワンポイントアドバイスが載っています。

# 昔話の続きを考えよう

知っている昔話から発展させて、
地面の下、海の中、空の上などの
世界を想像します。
誰も行ったことがないので
「間違い」はありません。
「こうだったらおもしろいな」
という世界を自由に
思い描きます。

## さあ、そのあとは？

保育者は、昔話の最初の場面だけ
読み聞かせをします。
「おじいさん、おばあさんが、川へ行くと、
大きな桃がどんぶらこ、どんぶらこと流れてきました」。
さあ、そのあとは、どうなるかな…？
子どもたちは自由に発表したり、絵に描きます。

**2** おじいさんは家に帰って大きな桃を包丁で切りました。すると、中から魚が出てきました。名前はあやちゃんです。

**1** おじいさんとおばあさんが川へ行くと、大きな桃がどんぶらこと流れてきました。

**5** あやちゃんは鬼ごっこの途中で迷子になりました。寂しくて泣いていると出口が見えました。

**4** あやちゃんは、魚の仲間たちに会いました。みんなで海の洞窟で鬼ごっこをしてあそびました。

**3** 水がないからかわいそう。おじいさんとおばあさんはあやちゃんを川に戻してあげました。

## 保育者の留意点

**1** 絵の完成度より、ストーリーの展開を重視しましょう。
絵は、A4くらいの大きさの紙に描くようにします。
字を書くと、自分でも読めない字になることがあるので
文字は入れません。文字がなくても、くり返し友だちに
読んで聞かせるうちに、上達していきます。

**2** グループの発表の様子を録画して、あとで見るのも楽しいです。

## ＼ 絵本を読んであげよう！ ／

みんなでつくったお話を綴じて、絵本の形に整えます。
年中さんに読んであげると、大喜び！

おじいさんとおばあさんが
かわへ　いくと　おおきな
ももが　ながれて　きました

---

**8** あやちゃんに魚のエサをやりました。あや
ちゃんはパクパク食べています。

**7** おじいさんとおばあさんが釣りをしている
とあやちゃんが…。弱っているあやちゃん
をお世話することにしました。

**6** なんとそこは滝だったのです。「おっとっ
とっ……」あやちゃんは落ちてしまいま
した。

---

**11** その宝をおじいさんとおばあさんにあ
げました。お金持ちになったふたりは
いつまでも幸せに暮らしましたとさ。

**10** あやちゃんが戻ってきて仲間は大喜び。
また、みんなであそんでいたら宝をいっ
ぱい見つけました。

**9** あやちゃんはまた元気になったので、お
じいさんとおばあさんは、また、川に戻
してあげました。

---

※71ページにワンポイントアドバイスが載っています。

# 「お」段の長音の表記

## 「お」段の伸ばす音は、「う」と書く決まり

おかあさん、おにいさん、おとうさんのように、
「カー、ニー、トー」と伸びる音を長音といいます。
お母さんを「おかあさん」と書き、
お兄さんを「おにいさん」と書くなら、
お父さんも「おとおさん」と書きたいところが
「おとうさん」と書かなければならないので混乱します。
「お」段の「おこそとのほもよろを」の長音は
「う」と書くのが原則です。
また「え」段の「え、け、せ、て、ね、へ、め、れ」の
長音は「い」と書くのが原則です。

「え」段と「お」段の
長音の指導例

● 「お」段の長音の表記は段を知って覚える

段階 1

### あそびを通して、50音の段が言えるように

「だるまさんがころんだ」の文字数は10、
50音の段の文字数も10です。
「だるまさんがころんだ」のかわりに
「あかさたなはまやらわ」などと言って、
あそびながら50音の段がすらすら
言えるようにしましょう。

コピー型紙 音表（段色別）54ページ

おこそとの
ほもよろを

鬼になった子は、「だるまさんが
ころんだ」のかわりに50音の段
を言います。

## 伸びる音のカードで、「お」段の長音の表記を確認

「おこそとのほもよろを」……。
「お」段を言えるようになったら、
右にあるような伸びる音のカードをつくって、
「お」段の長音の表記を確認していきましょう。

**例** 「おさま」「こえん」「そじき」
「おとさん」「のみそ」「ほき」「もじゅう」
「よふく」「ろそく」など。

**コピー型紙** 伸びる音のカード　65ページ

おさま

長音の「う」を折りたたんで
隠しておきます。

おうさま

お〜、
こ〜って、
伸ばすんだよ！

「おさま」「こえん」
「そじき」
「おとさん」……
なんだか、
へんだなあ？

（カード）
おさま
こえん
そじき
おとさん

そうか、
「お〜さま」、
「こ〜えん」だ

（カード）
おうさま
こうえん
そうじき
おとうさん

カードの折った部分を引き
伸ばしながら「お〜さま」
だから「ここには"う"が
入らなくちゃだめだよね」
と子どもに共感するように
話す。以下「こうえん、そ
うじき……」と「お」
段の長音は「う」と書くル
ールを確認する。

### 「お」の例外表記

「お」段の長音の文字表記は、「う」と書くのが原則ですが、例外もあります。保育者は正しく書けるようにしっかり覚えておきましょう。

日常的に保育で使うことばは、次のようなものに限られます。

おおきい、とおく、こおり、おおかみ、とおる、とお（10）、こおろぎ、ほお（頬）、ほおずき

※「え」段と「お」段の長音表記を楽しく学ぶための指導例は、『幼児の「ことば」の力を育てる』（小社刊）p70に掲載されています。参考にしてください。

# ひらがな表記のきまり

**問題・下の文章を＜赤字＞に注意しながら、ひらがなでわかりやすく書きましょう。**

大きい地震が続くと怖いけれど、いつも縮こまっているわけにはいきません。

遠くで稲妻が光る夜に、狼が三日月に向かって吠えています。

お爺さんは風呂敷包みを開くと一人ずつにお小遣いをあげました。

## ＜ひらがな表記の決まり＞

1. じ＞ぢ　　ず＞づ　の書き分け
   どちらも同じ読み方ですが、原則として「じ」「ず」が優先的に使われます。
   例）じしん　いなずま
   単独扱いするものは「じ」「ず」を使います。
   例）字（じ）、図（ず）

2. 同じ音が重なるときは「ぢ」「づ」を使う
   例）ちぢむ　ちぢれる　ちぢこまる　　　　例）つづく　つづみ　つづら

3. ２つの言葉をつなげたときは、元の音に濁点をつける
   例）鼻血：鼻＋血＝はな＋ち＝はなぢ　　　例）三日月：三日＋月＝みかづき
   例）小遣い：小＋遣い＝こづかい
   他にも、底力：そこぢから／箱詰め：はこづめ／湯飲み茶わん：ゆのみぢゃわん、など

## ＜例外表記＞

上の決まりに従っていない、困った表記をすることばもあります。これらについては、覚えるほかありません。
例）せかいじゅう　ひとりずつ　みみずく　きずな

「お段」の長音は「う」と書く決まりなのに………「お」と書く例
遠く、大きい、氷、多い、十（とお）、オオカミ、ホオズキ、コオロギ、頬（ほお）、炎（ほのお）など

「え段」の長音は「い」と書くきまりなのに………「え」と書く例
おねえさん

## ＜分かち書きについて＞

ひらがなだけの文章をつなげて書くと、読みにくく、意味も理解しにくくなってしまいます。
例）おおきいじしんがつづくとこわいけれどいつもちぢこまっているわけにはいきません。

そこで、ひらがなだけで文章を書く場合は、「これ以上切り離すと意味が通じなくなる」ことばの単位で区切り、空白を入れます。このような表記の仕方を分かち書きといいます。

・分かち書きのルール
意味の分かる範囲で区切る
「こわいけれど」の場合、「こわい」はそのままで意味が通じるけれど、「けれど」は単独では意味不明なので、つなげて「こわいけれど」と書きます。

・１つのことばは、ひとまとまりで表示する
１つのまとまりあることばは、分けて書いてはいけません。
×「いる　わけ　には　いき　ません」
○「いるわけには　いきません」

正解　おおきい　じしんが　つづくと　こわいけれど、いつも　ちぢこまって　いるわけには　いきません。
　　　とおくで　いなずまが　ひかる　よるに、おおかみが　みかづきに　むかって　ほえて　います。
　　　おじいさんは　ふろしきづつみを　ひらくと　ひとりずつに　おこづかいを　あげました。

# かず あそび

就学前にかずの能力を育むことは簡単ではありません。それは、子どものかずの理解の状態が外から判断しにくいからです。

例えば、散らばっているおはじきが全部でいくつか分からない子どもでも、3枚のおせんべいを2人で仲良く1枚と半分ずつに分けることができたりします。これは3／2の分数であり、1.5の小数です。こうした能力を引き出す源は「公平に分けたい」という気持ちです。

このように、必要感から体験的に理解する場面ではびっくりするような力を発揮しますが、かずは抽象的なものですから、頭の中だけで考えるのは難しいのです。

そこで、ここでは子どもが知りたい、おもしろい、勝ちたいなどの湧き上がる気持ちをもつあそびを通して、知らず知らずのうちに抽象的なかずを理解する力を培っていきます。

# 同じ仲間を集める

かずの理解の基礎は、いろいろなものの中から同じ仲間を選び出して「集合」をつくることです。
そこで、子どもたちが実際に自分で動いて「集まる」ことから、集合づくりを体験します。

## 仲間は集まれ

子どもたちは帽子をかぶって集まります。
帽子の色、男女の性別等、わかりやすい仲間同士に分かれるよう、
保育者は指示を出します。

紫の帽子の女の子はタイヤ、
白い帽子の女の子は砂場、
紫の帽子の男の子はサッカーゴール、
白い帽子の男の子は
鉄棒のところに、集まれ！

仲間同士で
集まれたよ

「仲間」は
かずの基本

30

# 仲間に分けよう

子どもが自ら動いて仲間集めを体験したあとは、
身の回りのものを使って、仲間分けをしましょう。
ここでは、保育者が指示するのではなく、
子どもが自分で考えた基準で仲間に分けます。

## トランプ

ダイヤの仲間を
集めたよ

## ままごとの食器

カラフルな食器を
色ごとに
集めています

文房具は、
どんな仲間に
分けられるかな？

## 文房具

色は違っても、みんな鉛筆

かくときに使うもの

工作のときに使うもの

### 生活の中の仲間分け

「〇〇はいくつ」を数えるときには、いろいろなものの中から〇〇を選び出して「集合＝仲間」をつくらなければなりません。砂場の道具を水が汲めるものと汲めないものに分ける、ままごとのタンスの中を「上半身に使うもの」と「下半身に使うもの」に分けるなど、生活の中に仲間分けを意識的に取り入れましょう。

水が
くめない
もの

水が
くめる
もの

ちょっとだけ
水がくめるもの
にしたら？

シャベルは
どっち
かなあ

# フルーツ バスケット

楽しくあそぶ中で、子どもたちが「かずの学習の基礎」となる「集合概念」を理解できるようになるゲームです。

あそび方

**1**

「りんご」「かき」「バナナ」など、好きなフルーツのお面をつけて椅子に座ります。

**3**

鬼役が「いちご」と言ったら、「いちご」の子は、ほかの椅子に引っ越します。「赤い色」「皮をむかないで食べるもの」の場合も引っ越します。

椅子に座れなかった子が次の鬼になります。

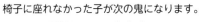

**4**

いちご！

**2**

椅子は人数より1つ少なくしておきます。鬼役は、お面のフルーツの名前を1つ言います。

**5** 鬼が「フルーツバスケット」と言ったら全員が席を交換します。

フルーツバスケット！

※お面を食べ物や乗り物にしてゲームをしてもよいでしょう。食べ物バージョンのときは「レストラン」で、乗り物のときは「出発！」と言ったら全員が引っ越しするようにしましょう。

あそびのポイント

## 集合概念はかずの理解の基礎

数学では、仲間を「集合」、その仲間に属するものを「要素」といいます。ゲームの中のりんご・かき、バナナなどは「要素」、全部を指す「フルーツ」が集合にあたります。たとえば「りんごのかずはいくつですか？」という問いに正しく答えるには、「りんご」が正しく理解されていなくてはなりません。けれど同じ「りんご」でも赤や緑のものがあったり、甘いものもすっぱいものもあります。集合概念や集合の特徴を正しく理解するには時間がかかります。いろいろな経験やあそびを通して少しずつ身につけていくのです。

ぜったい…？

わかった！栗だ!!

じゃあ、皮をむかないとぜったいに食べられないくだものは？

みかん！

バナナもそうだね

皮を手でむいて食べるくだもの、なぁんだ？

コピー型紙 フルーツバスケットのお面 60ページ

# 形見つけ

身の回りには、いろいろな形があふれていますが、
ふだんは見逃しがちです。
まる・さんかく・しかく……。形見つけであそびましょう。
大きさや色に関係なく、形の特徴を理解する力は大切です。

いろいろな かたちを
みつけてみよう

○ まる
△ さんかく
□ しかく

## まる・さんかく・しかくを見つけよう

園庭で、まる・さんかく・しかくを探してみましょう。
立体の中から丸い部分や四角を見つけたり、大きな形、小さな形も見つけます。
見る方向によって違う形になる不思議も発見しましょう。

**コーンポストは横から
見るとさんかくだけど…**

**ジャングルジムは
きれいなしかく**

**ひっくりかえしたら
まるとしかくだ！**

**まるのトンネル**

**支柱の先は
しかくとさんかく**

## 街の中で形を見つける

街の中の交通標識の形、整然と植えられた街路樹の
まっすぐに並ぶ美しさなどにも目を向けましょう。

Jnature/PIXTA

## 自然の中から形を見つける

水たまりの波紋、雨上がりに光るくもの巣。
自然の中にはきれいな形がたくさんあります。

K@zuTa/PIXTA

poriaco/PIXTA

えんとつが
まっすぐ立ってるよ！

ビルが
きれいに
ならんでるね！

**あそびの
ポイント**

## 形の表現は難しい

「しかく」には、「ましかく」「ながしかく」
「ひし形」といった区別があります。「まる」
にも平面の場合は円、立体の場合は球のよう
な違いもあります。

そうした細かな表現の違いは将来学ぶこと
にして、就学前には「まる」「さんかく」「し
かく」で十分でしょう。

平行線や垂直線、ひし形やだ円など、「形」
に気づいても子どもには表現が難しい場合も
あります。子どもが「おもしろい」「並んでる」
「きれい」など、何かしら形に気づいたとき
には、保育者は「ほんとだ」と発見に共感し
ましょう。

形の理解

35

# マトリックス

同じものを集めるのは簡単です。集めたものをさらに分類してみましょう。水あそびですくったものを用意した座標（置き場）のどこに置くとよいかを考えます。楽しいあそびを通して、よく見る力、よく考える力を養います。

## すくうもの

おたま、スプーン、はし、トングなど、いろいろな種類を用意します。すくいにくいものも混ぜておいたほうが、あそびが盛り上がります。

## すくって 並べよう

プールに浮いたものを種類（横の軸）と、大きさ（縦の軸）の違いで分類して、正しい場所に置いていき、きれいに並べます。浮かべるものは最初は3種類くらいから始めると子どもも理解しやすいでしょう。

種類と大きさを見て

すくったものは

「種類と大きさ」という2つの条件に合う場所は、1か所しかないことにあそびながら気づいていきます。「あひるとかめに分けて」、「大きさの順に」など細かく指示しなくても、「きれいに並べてね」というだけで、子どもはどう並べたらよいかを直感的に理解します。

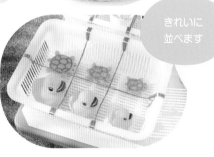

きれいに並べます

# きれいに 並べよう

子どもがあそびに慣れたら、水に浮かべるものの種類を増やします。8種類くらいを混ぜて浮かべても、子どもは自分たちで分類の基準を見出し、規則性を持たせて並べることができます。

ぼくはピンポン玉をあつめる

きれいに並んでいるかな？

## だ れかな？ どこかな？

すくって並べるあそびの前に座標を意識できるあそびをしておくのもよいでしょう。

左から
いち、に…

左から3列目で
上から2段目は？

わかった！

左は…

わたしの
くつ!!

きれいに
並べたよ

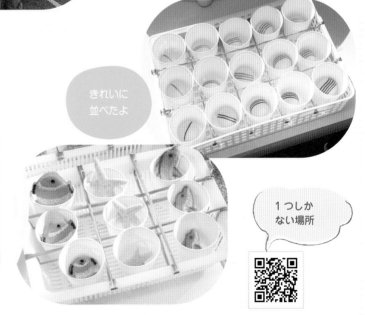

1つしか
ない場所

37

# 「1対1対応」でかたづける

かずの基本とは、1つのものを必ず1回だけ、漏れや重複がなく数えることです。最終的には、ものとかずを「1、2、3……」と対応させますが、1つのものに1つの数字を振り当てていることになるので、「数える」ことも「1対1対応」なのです。その基礎として、ものとものを「対（ペア）」にして、抜けていたり、ダブったりしていないことを確かめることで、かずの力を育てましょう。

あそんだあとの遊具を「1対1対応」で
かたづけられる環境をつくっておきましょう。
子どもたちはかたづけながら、
「1対1対応」をくり返し経験することができます。

> かたづける
> ときは、
> 座布団に座らせて
> あげようね

## ぬいぐるみと座布団

ぬいぐるみと座布団の数を同じにしておけば、きちんとかたづけられます。

> ほら、
> きれいに
> かたづいた！

> これで
> 全部揃ったね

## こまとひも

こまとひもを10ずつかたづけられる収納ボックスをつくっておけば、足りないものがあるかどうか、ひと目で確認できます。

> あれ、
> こまもひもも
> 足りない

かずは10が単位なので半分の5が確実に分かるように5の単位でまとめておくとよいでしょう。

# 三輪車置き場をつくろう

まとめたり、箱などに入れたりできない大きな遊具は、遊具のかずと同じかずのかたづけ場所を用意します。所定の場所に遊具が「全部揃っているかな？」と自分たちで点検できるようにすると、主体性と同時に「1対1対応」が確実に身につきます。

三輪車を
1台ずつ
置けるように、
線を引こう

線の中に
三輪車を
しまうよ

三輪車を
1台ずつ
線の中に
しまえたかな

##  くらしの中で体験する「1対1対応」

「足りない・足りる」が日常的に体験できるように、園にあるものを対にしておきましょう。ほうきとちりとり、のりとタオル、トライアングルとばち。あっ、ばちがない！

のりと　タオル

ほうきと　ちりとり

バチが
ない！！

あっ

トライアングル
と……

1対1対応

# きれいな形や線を描こう

「円とはどういうものか」「直角とは何か」を的確に表現するには、数学の知識がなくては答えられません。でも、「まんまる」「ましかく」「まっすぐ」は幼児でも直感的にわかります。難しい定義はいりません。感覚を通して形や線を理解します。

## きれいな形・きれいな線

日常保育の中で、保育者がきれいな形や線を描くモデルを示しましょう。

### まっすぐ

子どもの作品を壁面に貼るとき、おもりの付いたひもを壁に吊るし、それにそって絵を貼っていきます。子どもたちはまっすぐかどうか、見守っています。

### まんまる

けんぱの円を描くときは2本の棒をひもで結びます。

一方を地面に刺して固定し、もう一方を持って一回りするときれいな円になります。

**40**

## ましかく

園庭にドッジボールやサッカーのコートをつくるときは、ロープを用意しておくと便利です。
12mのロープの3m、7mの位置に印をつけ、ロープをぴんと張って三角形をつくります。
ここでは6m×4mのコートをつくりましたが、縦・横それぞれ直線を
延ばしていけば、必要な大きさのコートがつくれます。

3m

4m

5m

**2** 対称になるように
直角三角形をつくって線を引く。

3m

4m

5m

**1** 直角三角形をつくって線を引く。

A

B

**3** AとBの間に線を引く。

C

できあがり!

D

**4** CとDの間に線を引く。

## 形であそぼう

きれいな形のものを探して
スタンピングであそぼう。
まる、さんかく、しかく、
どんなものがあるかな?

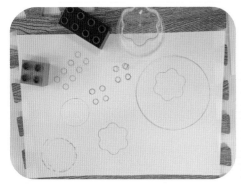

※71ページにワンポイントアドバイスが載っています。

# かずを読み取る

幼児にとって、かずの理解は「年齢相当」といわれています。
つまり、3歳では3、5歳では5、それ以上は不確かなのです。
サイコロの目は整った配置になっているので、慣れてくるとすぐにわかるようになります。
サイコロであそぶことで、かずを間違いなく読み取れるようにしましょう。

## ジャンボで 階段の のぼり競争

ソフト積み木を利用してジャンボサイコロをつくりました。『グリコ』のあそびのように、
サイコロを転がして出た目のかずだけ階段を上がります。どっちが先に2階に着くかな？

大きいかずに
なあれ！

## 大 きなかずのサイコロ をつくるときは……

5から10までの目のサイコロをつくるときなどは、
6は「5のかたまり＋1」、8は「5のかたまり＋3」、
というように配置すると、かずの理解に有効です。

5 が出たから、
5 段上がるよ

※44ページの「数字のないトランプ」を参照。

# おもしろであそぼう

数字が書いてあるサイコロやシールを利用した5から10までの大きなかずのサイコロなど、いつもと違うサイコロをつくってあそびましょう。

大きいかずが
出ますように！

四角いマス目が並んだ紙を用意します。サイコロを振って出た目のかずだけマス目を塗って、自分の陣地を増やしていきます。誰が一番陣地を広げられるかな？

**じんとり ゲーム**

## じんとりゲーム

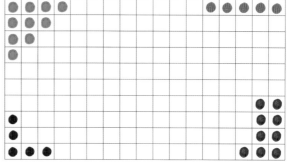

だれの陣地が
大きいかな？

**コピー型紙** ゲーム盤 66ページ

**宝を ゲット！**

コインを
10枚取ろう

1、2、3、
4……10だ

コインの山から、サイコロを振って出た目の分だけコインを取ることができます。誰が一番お金持ちになるかな？

取ったコインは10枚ずつ並べて、誰が一番多いか比べます。

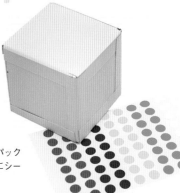

※サイコロは、牛乳パックでつくった立方体にシールを貼ります。

※71ページにワンポイントアドバイスが載っています。

# かずを数える

散らばっているものがいくつあるか数えるのは、子どもにとっては意外に難しいものです。
把握できるかずは、年齢相当と言われています。3歳児なら3個。5歳児なら5個というわけです。
手作りのトランプであそびながら、子どもの「かずの理解」を促します。

## 数字のないトランプ

コピー型紙　数字のないトランプ　68 ページ

数字のないトランプは、カードに〇がいくつあるか、数えないとわかりません。5以上のかずになると、ひと目ではわかりません。抜かしたり、ダブったりしないように数えます。わあ、めんどくさい！　いいえ、その数えること自体が楽しいのです。だから、あそんでいるうち

に、ほんとうのかずの力が養われます。市販されている名刺サイズのカードに4種類の丸シールを貼って、オリジナルの数字のないトランプをつくりましょう。

※出席ノート用のシール等を使っても、楽しいオリジナルトランプがつくれます。

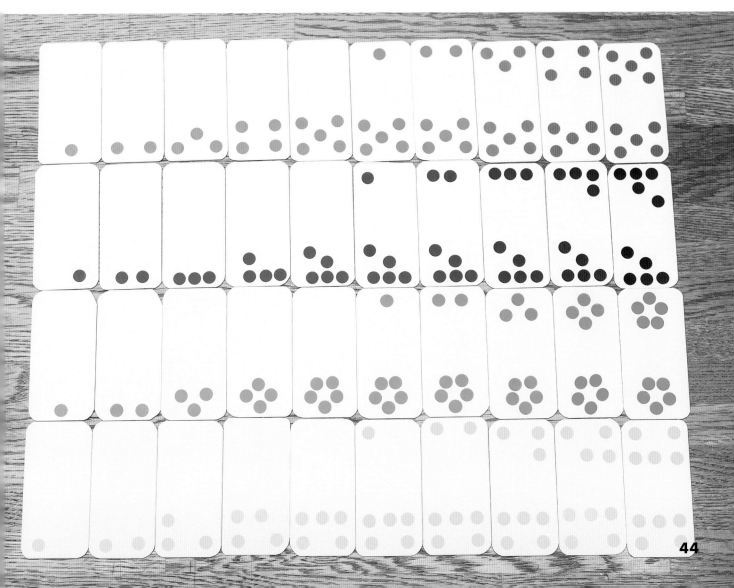

## 5のまとまりを目で捉える

数字は10進法になっているので、10までの数が間違いなくわかることが重要です。カードのかずは、「5のまとまり」が直感的にわかるように配置されています。最初は、端から全部数えますが、あそんでいるうちに「5のまとまり」がひと目でわかるようになり、5を基本にして、「5と1で6」、「5と2で7」、「5と3で8」……。「5のまとまりと、いくつか」でかずを理解できるようになります。

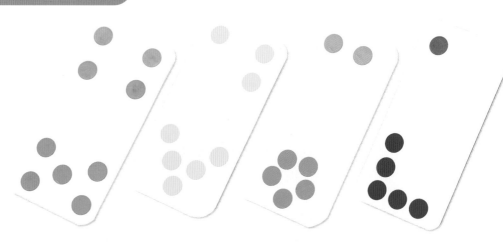

## 数字のないトランプで7ならべ

1～10までしかカードがなくても並べる基準は7にします。7、8、9…と7より大きいかずを配列するほうが、6、5、4、3…と7より小さいかずを配列することより難しいからです。

あかの8 もってる?

数字のないトランプであそぶと、自分のカードだけでなく、友だちのカードも数えたりするので、知らぬ間に「数える練習」をくり返していることになります。

## ババなしババぬき

ジョーカーのカードを入れないだけで、ルールはババぬきと同じです。同じ数字のカードが2枚揃ったら捨てていき、カードが全部なくなったら勝ちです。全部のカードを手の中に納めるのは大変! 引いてきたカードと照らし合わせるのはもっと大変‼ 苦労しながら、友だちの助けも借りつつ数えるからこそ、力が身につきます。

※ここでは、市販のトランプであそんでいます。市販のトランプを使うときは、数字を修正液で消します。J、Q、Kの絵札は使いません。

10までのかずを読み取る

# 合わせて5

## 多い人数であそぶ場合

トランプの1から4までのカードを使うゲームです。自分のカードと合わせて5になる相手を探します。必ず「合わせて5」のペアになるようにカードの枚数を調整しましょう。最大16人まで参加できますが、クラスの人数の半分（奇数の場合は保育者が加わる）ずつ、交替しあってあそぶと盛り上がります。

数字は10進法で成り立っているので、10までのかずがわかっていると便利です。でも10は大きすぎて簡単にはわかりません。まずは5までを「直感的に」「丁寧に」「確実に」理解する力を、トランプであそぶことを通して育みましょう。

私のカード 3だから……

1と4、合わせて5

③ 自分のカードの数字を見て、合わせて5になる数字を考える。

② カードを1人に1枚ずつ配る。

① 1と4、2と3、3と2、4と1。合わせて5になるパターンを子どもに説明する。

---

## 2人であそぶ場合

はじめに5を出したら…

先攻が5のカードを出したときは、相手は「ありません」と手を振って応じる。5のカードを出した時は、続けて先に出せる。手持ちのカードが早くなくなったほうが勝ち。

③ 相手は「合わせて5」になるカードを探し、「合わせて5」と言いながらカードを重ねる。以下、先攻を交替しながら続けていく。

② 先攻が「合わせて5」と言いながらカードを1枚出す。

① トランプの1〜5までのカードを10枚ずつ配りじゃんけんで先攻を決める。

4 スタートの合図で「合わせて5」になるパートナーを探す。

5 クラブの1とダイヤの4、合わせて5。

慣れてきたら・・・

同じマークで
合わせて5
私たち
ハートのペア

同じ色同士で
合わせて5
クラブと
スペードだよ

ポイント

## 「5の成り立ち」を理解する

5は、〈1と4〉〈2と3〉そして〈5と0〉に分けることができます。反対に〈1と4〉〈2と3〉〈5と0〉を合わせると5になります。

こうした「分解・合成」の理解をあそびを通して培いましょう。トランプの数字を消しておくと、あそびはさらに盛り上がります。数字がないので、マークを「1、2、3、4、5」と指差しながら数えることになります。子どもの能力にちょうど合っているゲームなので、子どもたちだけでも長時間取り組むことができます。

1, 2, 3, 4・・・

※44-45ページで紹介した、「数字のないトランプ」を使っても楽しくあそべます。

## 3人以上であそぶ場合

ルールは2人であそぶときと同じ。「合わせて5」になるカードを持っている人は誰でも出すことができるが、認められるのは一番早く出した1人だけ。先にカードがなくなった人が勝ち。

※71ページにワンポイントアドバイスが載っています。

47

# ビンゴで探そう

身近な環境にあるものを写真に撮ったり絵に描いたりしてビンゴカードをつくります。身近にあるからといって、気づくとは限りません。子どもが興味をもって積極的に環境と関わる中で、観察力を育みます。

## どこにあるかなビンゴ

園にある遊具や装飾、特徴的な場所を写真に撮ってビンゴカードを作ります。
子どもたちは園内を走り回って探し、見つけたら○をつけます。誰が一番先に全部見つけられるかな？

どこに あるかなビンゴ

タイヤ
みつけた！

ぜんぶ、
みつかった！

どこにあるか
みつけてね

どこに
あるの？

※ここでは、全部探すことをルールにしましたが、本来のビンゴゲームのように、縦、横、斜め、いずれかのラインを早く見つけることを競うルールにしてもよいでしょう。

**48**

# 街で見つけたよ

探すものの範囲を街に広げます。
大きなカードを壁面に貼り、
園外保育に行くたびに
「見つけたもの」に○をつけていきましょう。

 コピー型紙　街で見つけたよ 70ページ

> これで5つ
> みつかったね！

> くものすといぬも
> 見つけたよ

さんぽの　とちゅうで
みつかるかな？

# ビンゴカードのバリエーション

おもしろいビンゴカードが、いろいろつくれます。ここに紹介した以外のオリジナルビンゴも考えてみましょう。

## 文字のビンゴ

| いいにおい | いやなにおい | まっしろ |
|---|---|---|
| きいろいはな | みのなるき | つるつる |
| ざらざら | まる | さんかく |

絵や写真のかわりに文字だけ書いてあるビンゴ。
見つけるものにも子どもの個性が表れます。

## 先生ビンゴ

保育者の写真をビンゴに。新学期など、
園に慣れるためのツールにもなります。

## 観察ビンゴ

毎日の園生活で見慣れているものを、
一部だけクローズアップしてビンゴに。

 コピー型紙　観察ビンゴ　文字のビンゴ　69ページ

# 園の地図 わかるかな?

あそび慣れた園の環境を図にして
場所の読み取りをします。
世界地図や宇宙の構造といったような
実際に目にすることができない
空間を理解する力の基礎を養います。

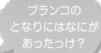

> ブランコの
> となりにはなにが
> あったっけ?

## 園の庭には何がある?

ホワイトボードを用意して、保育者が子どもたちに質問します。
「ここは園の庭です。庭にはなにがあるかな?」「ブランコ!」「砂場!」
子どもたちの発言にあわせて、園庭のランドマークを地図に足していきます。

> 園庭の
> ランドマークを、
> 足していく。

### 園庭の地図が完成!

**ブランコ**　**砂場**　**タイヤ**　**ひこうき**　**とりごや**

**川**

**テラス**

**園舎**

**うんてい**

**つきやま**

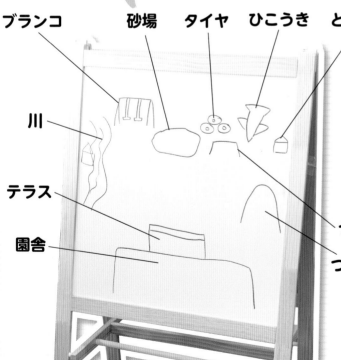

## 好きな場所はどこ?

園庭の地図ができたら、子どもたちに、
「自分の好きな場所=なぜ好きなのか?」
を発表してもらいます。

> わたしは
> ブランコを
> こぐのが好き

> ぼくはつきやまで
> 鬼ごっこする
> のが好き

# 宝を探そう！

あらかじめ園庭の数か所に宝を隠しておきます。
隠し場所がどこかを地図上で示し、
子どもたちは宝を探します。

ここと、ここと、
ここに宝を隠したよ。
見つけられるかな？

さがしに
いこう！

テラスで
見つけた！

川で
見つけた！

つきやまで
見つけた！

キラキラ
光ってる！

子どもはいきなり地図を読み取ることはできません。地図に慣れる機会をつくっていきましょう。

**1** 保育者は園舎を描き「ここが玄関。玄関の隣がリス組」「じゃあ、リス組の隣は？」などと正解を待ち、場所を足していきます。くり返すうちに地図の読み取りが早くなります。

ここが
玄関

りす

げんかん

じゃあ
あそこが
うさぎぐみだね

## 保育者の留意点

ホール
トイレ

ここの前に
集まりましょう

すなばだ！

**2** 保育者は園庭の地図を描き、ある場所を指して、「ここに集合しましょう」など指示を出します。子どもは地図の場所を読み取って、どこに集まればいいか判断します（「あ、砂場の所だ」など）。

※71ページにワンポイントアドバイスが載っています。

| な | た | さ | か | あ |
|---|---|---|---|---|
| に | ち | し | き | い |
| ぬ | つ | す | く | う |
| ね | て | せ | け | え |
| の | と | そ | こ | お |

ん

名簿や辞書などは「あいうえお順」になっていますから、行がすらすら言えるようにしましょう。この50音表を行で切り離して利用してください。覚えたら「あいうえお、か」「かきくけこ、さ」と次の行の1字を加えて暗記すると、順番がより確実になります。

| わ | ら | や | ま | は |
|---|---|---|---|---|
| い | り | い | み | ひ |
| う | る | ゆ | む | ふ |
| え | れ | え | め | へ |
| を | ろ | よ | も | ほ |

| な | た | さ | か | あ |
|---|---|---|---|---|
| に | ち | し | き | い |
| ぬ | つ | す | く | う |
| ね | て | せ | け | え |
| の | と | そ | こ | お |

# ん

長音は「おかあさん／おにいさん」と同じ段の母音を添えて表記するのが普通
ですが、お段の長音は「とうふ」のように「う」、え段の長音は「えいが」のように「い」
と書くのが原則です。段を覚えていると、この決まりが簡単に理解できます。

| わ | ら | や | ま | は |
|---|---|---|---|---|
| い | り | い | み | ひ |
| う | る | ゆ | む | ふ |
| え | れ | え | め | へ |
| を | ろ | よ | も | ほ |

# か ず を 読 む

問題・下の数字や、数字に関係する文字を、声に出して読んでみましょう。

① A：1.2.3.4.5.6.7.8.9.10　　　B：10.9.8.7.6.5.4.3.2.1.0.

② A：一日、八日、二十日　　　B：1日、8日、20日

③ 「四人グループをつくりましょう」

④ 1歳、二十歳

① 「4・7」の読み方

　Aの4や7をどう読みましたか？　Bの4や7と同じですか？

　Aでは「し、しち」と読み、Bでは「なな、よん」と読んだのではないでしょうか。

　私達はすらすらと数字を読むときは「し、しち」と言いますが、特に注意を払うときは「よん、なな」ということが多いのです。

　Bの0は「れい」と読みましたか？

　数字をずっと日本語で読んでいたのに、最後の1つは「ゼロ」と英語読みするのは変ですね。

　4は「よん」とも「し」とも言う。7は「なな」とも「しち」ともいう。0は「れい」とも「ゼロ」ともいう。数字の読み方はいろいろあることを、子どもに教えましょう。

② 日本語の日の読み方は独特です。Aは漢字で書いてあるので、「ついたち、ようか、はつか」と読みますね。一方、Bは算用数字で書いてあるので、「いちにち、はちにち、にじゅうにち」としか読めません。

　「いちにちのことをついたちとも言います」と子どもに話すのは構いませんが、それはあくまでも漢字の「一日」の場合であって、「1日」と書いてあるものを「ついたち」と読むのは無理があります。朝の集会などで今日の日にちを確認するときなど、気をつけてください。

③ 「四人」は「よにん」と読みますね。「しにん」では困ります。では、子どもが4人グループになったかどうかを確認するとき、「ひとり、ふたり、さんにん、よにん。よにん揃ったね」と数えていますか？　もし「いち、に、さん、し。よにんだね」と数えたら、子どもは混乱してしまいます。

④ 1歳は「いっさい」で「いちさい」ではありませんね。1は「いち」と読むはずですが、かずを数えるときは「いっぽん、いっぴき、いっさつ……」といったように「いっ」と言う方が圧倒的に多く、日常的には1台、1枚のときしか「いち」と言わないのです。

このように、日本語の数字の読み方はいろいろあります。大人には当たり前の読み方でも、子どもには知らないことばかりです。保育の中で数字を使うときは、十分配慮しましょう。

おまけです。20歳はなぜ「はたち」と言うのでしょう？タオルや洋服をなにかに掛けるために付いている輪っかを「ち」と言います。戦国時代のいくさの時に、武士は仕える武将の旗を持って戦いました。この時、旗を旗竿に通すために、旗に付いていた「ち」の数は20個だったとか。そこで20＝はた（の）ち、「はたち」と言うようになったとか……。

正解

① A：いち、に、さん、し、ご、ろく、しち、はち、きゅう、じゅう
　　B：じゅう、きゅう、はち、なな、ろく、ご、よん、さん、に、いち、れい

② A：ついたち、ようか、はつか
　　B：いちにち、はちにち、にじゅうにち

③ よにん

④ いっさい、にじゅっさい

# 唱え歌

# 頭音あつめ

たすけて

さむい

かして

あちち

ちいさい

しましま

きらきら

いじわる

つるつる

すき

くらい

うたう

てくてく

せき

けんか

ええん

とる

そろりそろり

ころころ

おちる

**58**

| | | | | |
|---|---|---|---|---|
| るすばん | やめる | まちがう | はねる | ならぶ |
| レタス | ゆらゆら | みる | ひかる | にこにこ |
| ろば | よちよち | むすぶ | ふらふら | ぬぐ |
| わる | らんぼう | めえめえ | へのへのもへじ | ねる |
| | りんりん | もしもし | ほる | のんびり |

# フルーツバスケット

ふね

ひこうき

でんしゃ

トラック

バス

しんかんせん

きゅうきゅうしゃ

ヘリコプター

バナナ

いちご

りんご

みかん

レモン

かき

ぶどう

メロン

**60**

ピザ

ハンバーグ

カレー

スパゲッティ

ケーキ

おにぎり

ラーメン

アイスクリーム

とら

かば

ライオン

ぞう

コアラ

きりん

パンダ

さる

61

# ひらがなビンゴ

| | | |
|---|---|---|
| は | ろ | ば |
| め | さ | ぬ |
| る | き | ぱ |

| | | |
|---|---|---|
| ひ | ま | い |
| と | た | や |
| し | あ | ら |

| | | | | |
|---|---|---|---|---|
| き | ぶ | ざ | ぺ | か |
| ひ | さ | ぱ | ぬ | る |
| ね | ば | が | は | ぎ |
| ふ | れ | へ | ぴ | ほ |
| ゆ | び | ぷ | べ | ろ |

| | | | | |
|---|---|---|---|---|
| ん | ら | め | ぬ | り |
| え | ろ | ま | お | こ |
| ね | る | よ | あ | い |
| わ | さ | は | つ | へ |
| き | ち | ほ | し | く |

# ことばさがしカード

| た | い | こ |
|---|---|---|
| ゆ | ぬ | ま |
| ふ | え | き |

|   |   |   |
|---|---|---|
|   |   |   |
|   |   |   |

| し | な | つ | さ | る |
|---|---|---|---|---|
| つ | む | め | あ | む |
| も | ち | か | い | ね |
| ん | き | く | ま | え |
| す | ら | し | お | こ |

|   |   |   |   |   |
|---|---|---|---|---|
|   |   |   |   |   |
|   |   |   |   |   |
|   |   |   |   |   |
|   |   |   |   |   |

# しりとりバリエーション

## ●音のしりとり

でんしゃ→しゃしょう→しょうがっこう→こうちゃ→ちゃいろ

ふうせん → せんせい → せいくらべ → べんとう →とうだい

## ●んで終わってもいいしりとり

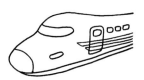

しゃしん →しんかんせん→せんにん→にんじん→じんこうえいせい

## ●濁音や半濁音のまじったしりとり

くぎ → きつね → ねこ → ごりら → らんぷ

# 伸びる音のカード

〈お段〉

| お | う | さ | ま |
|---|---|---|---|

| こ | う | え | ん |
|---|---|---|---|

| よ | う | ふ | く |
|---|---|---|---|

| そ | う | じ | き |
|---|---|---|---|

| ほ | う | き |
|---|---|---|

| お | と | う | さ | ん |
|---|---|---|---|---|

| の | う | み | そ |
|---|---|---|---|

| ど | う | ろ |
|---|---|---|

| も | う | じ | ゅ | う |
|---|---|---|---|---|

〈え段〉

| せ | い | ふ | く |
|---|---|---|---|

| ゆ | う | れ | い |
|---|---|---|---|

| け | い | さ | つ |
|---|---|---|---|

| す | い | え | い |
|---|---|---|---|

| と | け | い |
|---|---|---|

| せ | い | く | ら | べ |
|---|---|---|---|---|

| え | い | ご |
|---|---|---|

| え | い | が |
|---|---|---|

| け | い | と |
|---|---|---|

| せ | い | と |
|---|---|---|

〈え段とお段〉

| れ | い | ぞ | う | こ |
|---|---|---|---|---|

| と | う | め | い |
|---|---|---|---|

| せ | い | こ | う |
|---|---|---|---|

# じんとりゲーム盤

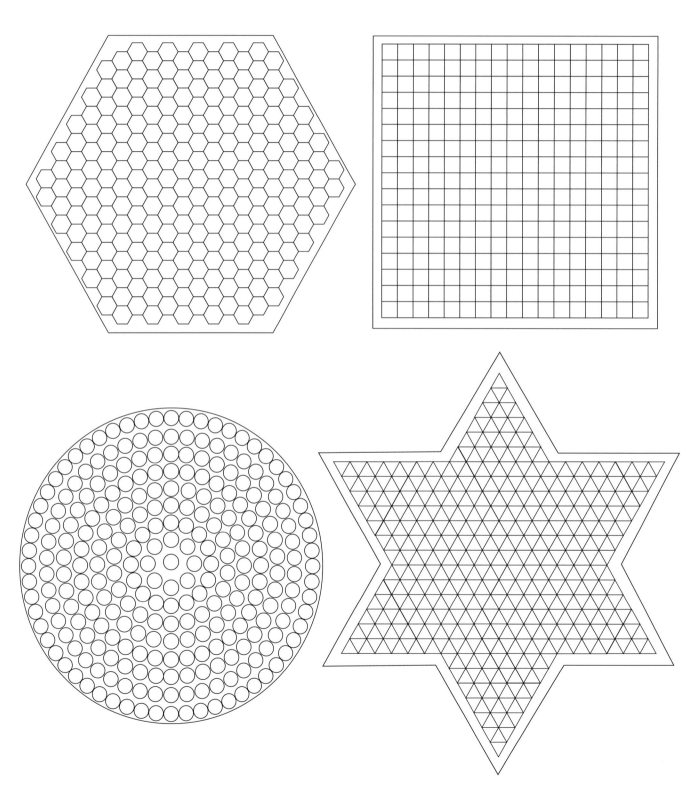

# 数字（いろいろな書体）

1234567891O

1234567891O

1234567891O

1234567891O

1234567891O

1234567891O

# 数字のないトランプ

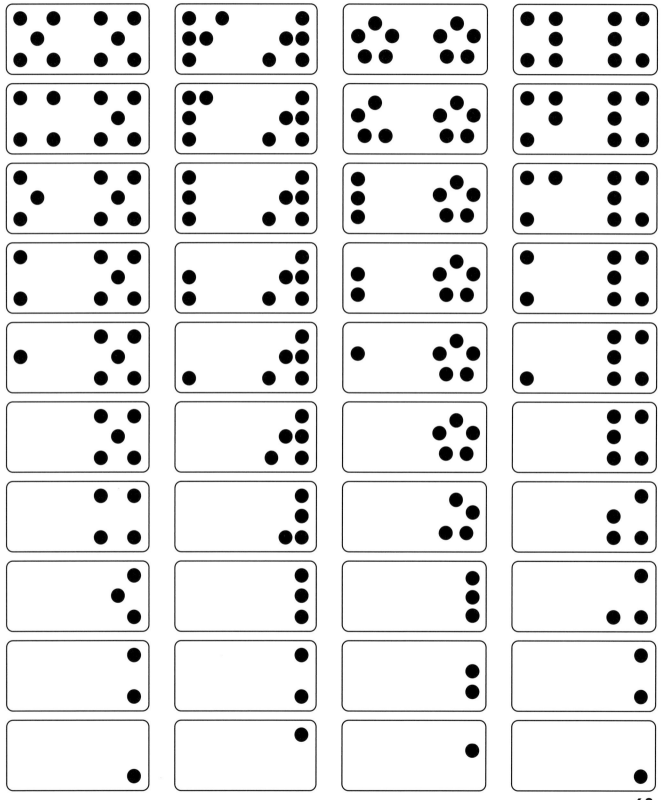

# ビンゴバリエーション

## ●観察ビンゴ

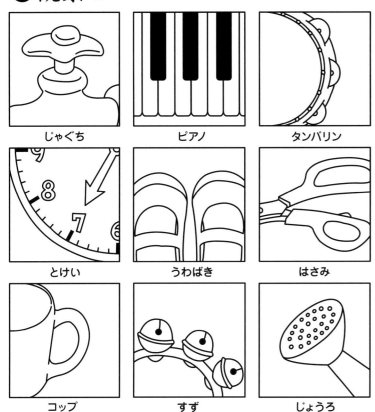

じゃぐち
ピアノ
タンバリン

とけい
うわばき
はさみ

コップ
すず
じょうろ

## ●文字のビンゴ

| | | |
|---|---|---|
| いい<br>におい | いやな<br>におい | まっしろ |
| きいろい<br>はな | みの<br>なるき | つるつる |
| ざらざら | まる | さんかく |

# 街で見つけたよ

# ワンポイント<br>アドバイス

**かず<br>あそび**　　**ことば<br>あそび**

## かずあそび

### P32~33　フルーツバスケット

バナナはくだものの仲間ですが、「黄色」の仲間に入ったり、「手で皮をむいて食べるもの」の仲間に入ったりもします。このように、集合概念は、あるものの特徴をいろいろな角度から見て、その共通点でまとめる考え方です。フルーツバスケットは、くだものの集合ですが、他にも、いろいろな集合であそびましょう。食べ物が集まるレストラン、海の生き物が集まる水族館など、子どもの興味に合わせてテーマを選ぶと良いでしょう。

### P40~41　きれいな形や線を描こう

「きれい」とはどんなことを言うのか、ことばで説明するのは難しくても、子どもはきれいな形を直感的に理解します。コンパスで描いた丸はきれいです。定規で引いた線はきれいです。子どもはいびつな丸や曲がっている線よりも、「まんまる」や「まっすぐ」が好きです。だから、保育者がきれいな形や線を描いてみせたり、実際に子どももやったりすることで「きれい！」を実感させましょう。

### P42~43　かずを読み取る

サイコロの1番大きい数は6ですから、就学前の子どもには年齢相応に、サイコロの目のかずは、いちいち数えなくても分かるというレベルが求められます。そこで、サイコロを使ったおもしろいあそびを通して習得しましょう。「グリコ」のあそびや「じんとりゲーム」。サイコロの出る目は偶然ですから、運動能力や性格と、ゲームの勝敗は関係しません。案外おもしろい展開になりますよ。

### P46~47　合わせて5

子どもが「合わせて5」であそぶ前に、数字のないトランプを使って、保育者同士で「合わせて10」であそんでみてください。きっと盛り上がります。たぶん大騒ぎになるのではないでしょうか。大人でも、数字が描いてないトランプでは、瞬時にかずを読み取ることができません。保育者自身が数えることの難しさを実感すると、きっと保育の中で、子どもへのかずの指導が丁寧になるでしょう。

### P48~49　ビンゴで探そう

大人はよく子どもに「よく見なさい」と注意します。しかし、そう言ったからといって子どもが注意深くなる保証はありません。子どもが「よく見よう」とする気持ちを持たなくては始まらないのです。観察ビンゴは、その「よく見よう」というきっかけになります。「あれかな？」「あそこかな？」。園内のどこかに必ずあるという確信を元に「何だろう、どこだろう」と粘り強くとり組んでみましょう。

### P50~51　園の地図わかるかな？

空間を捉えられるようになるには経験が必要になります。そこで、実際に目にすることができる部屋の地図をつくることから始めてみましょう。自分たちの今いる位置を「ここ」と決めてから、「水道はどこにあるかな？」などと尋ねてその方向を指差しするようにします。あれもこれもと、あるものをたくさん描き並べる必要はありません。あくまでも目印になるものだけにします。大きさなどもおおざっぱで構いません。位置関係のほうが重要です。

## ことばあそび

### P8~9　唱え歌

唱え歌の始まりは、「さよならさんかくまた来てしかく」でお決まりなように、おしまいは、「光るは親父の禿げ頭」と、これまたお決まりです。「親父の禿げ頭」なんて言うのはタブーですか？　タブーにしないためには保育者が明るく楽しく言うことと、「禿げ頭だったら暗い夜でも光っていて便利だね」などとユーモラスに話しましょう。毎日付け足して、長く、長くするのも楽しいでしょう。

### P12~13　頭音集め

頭音あつめをするとき、集めやすい音と集めにくい音があります。「る」などは、集めにくい代表でしょう。それに対して集めやすいのは「か」です。広辞苑では「る」がわずか7ページなのに対して「か」はなんと212ページもあります。実は広辞苑で一番ページ数が多いのは「し」ですが、「し」には「じ」や「しゃ、しゅ、しょ」なども含まれているので、やはり「か」からはじまることばが一番多いと言ってよいでしょう。

### P14~15　おはなし読みます

大勢の前で話すのは勇気がいります。だから、「うさぎが来た」「きつねが来た」などのあっさりバージョンでもOKとしましょう。言葉に詰まってしまったときは、保育者が「あら、誰か来たわ、誰かな」「何か音がしたみたい、どうしたのかな」など、次の画面の話のきっかけを与えるとよいでしょう。何人かで分担して少しずつ話すやり方でも、好きな画面を1つだけ選んで話すやり方でも、もちろん全部を1人で話しても構いません。

### P18~19　ことばさがし

たくさんのことばを知っていると、さらにことばを覚えられます。たくさんのことばを知っていると、より深い意味が分かります。良く知っていることば、意味は分からないけれど聞いたことがあることば、隠れていることばを探しましょう。友だちと一緒に探すと、友だちが見つけた新しいことばを知る機会になったり、見つけたことばの数を競い合ったり、より楽しくあそべるでしょう。

### P22~23　絵本の表紙でかるたあそび

絵本の表紙のかるたは、文字を読むのではなく、「ことばを話す」ためのあそびです。「これ」と決めたら、表紙の絵を見ながら自由に文章を作ります。年齢が小さいと、ただ「ぞうさん、ぞうさん」と同じ言葉をくり返すだけですが、年齢が上がってくると、「ぞうさんは、おはなが長くて大きいね」など、私達日本人の耳に心地よい七五調のリズムになっていきます。何人もが取れるように、同じ絵本を複数並べておいてもいいでしょう。

### P24~25　昔話の続きを考えよう

昔話のストーリーを自由に想像して楽しみましょう。一人で作っても、仲良しの友だちとつくっても、長い話でも、1場面だけでも構いません。誰も本当のことを知らないのですから、へんてこお化けが登場しても、珍しい生き物がいてもOKです。絵が苦手な子やお話が浮かばない子も、自由にその子なりの表現を楽しむことができます。自由な想像には、失敗ということはないのです。

# あ と が き

　本書を手に取ってくださった方は、一様に子どもたちの表情に魅せられたことでしょう。子どもはおもしろいあそびには本気で取り組みます。そのことを通して真剣に学びます。

　本書のどのページにもそうした姿が見つけられます。そして保育現場に携わっている人なら「いるいる、こういう子」「あるある、こういう場面」と思い出し笑いをするのではないでしょうか。

　写真は東一の江幼稚園（東京都）と宮前幼稚園（神奈川県）で撮らせていただきました。伸びやかな写真は、日常の保育において子どもと保育者が信頼しあい、温かい雰囲気が醸し出されているからこそ撮れたものです。加えて子どもはもちろんですが、何よりも保育者自身がおもしろがって実践をしてくださったことが、これらの写真の魅力の源になっているのだと思います。また写真で撮り切れなかった場面は山戸亮子さんがイラストで補ってくださいました。

　こうした園とカメラマン、イラストレーターとのつなぎ役を PriPri 編集部のスタッフが果たしてくれました。おかげで本書をまとめることができました。

　2001年に出版した「保育における知的教育」を皮切りに、「ほんとうの知的教育」シリーズの発刊、PriPri の「知的教育セミナー」開催と、20年間にわたって一貫して自分の専門領域を探究できたのも、編集部の飯田 俊さんをはじめとする大勢のご支援があったからにほかなりません。

　幼稚園教諭、保育者養成校の教員として保育漬けだった自分を振り返った今、心から「保育は楽しい」の思いで、この本をまとめました。「私は保育楽者（ほいくがくしゃ）」と言える心境に感謝しています。

2021 年 5 月

| | |
|---|---|
| 表紙デザイン | 嶋岡誠一郎 |
| 本文デザイン | 嶋岡誠一郎、鷹觜麻衣子 |
| 本文イラスト | 山戸亮子 |
| 撮影 | 磯﨑猛志（Focus&Graph Studio） |
| 撮影協力 | 東一の江幼稚園（東京都）、宮前幼稚園（神奈川県）　髙橋祥子　土橋久美子 |
| 編集企画 | 石川由紀子　飯田 俊　伊藤江里奈 |
| DTP 作成 | 株式会社明昌堂 |
| 校正 | 株式会社円水社 |

## 平山許江の知育あそび

| | |
|---|---|
| 発行日 | 2021 年 6 月 5 日　初版第 1 刷発行 |
| 著　者 | 平山許江 |
| 発行者 | 大村　牧 |
| 発　行 | 株式会社世界文化ワンダークリエイト |
| 発行・発売 | 株式会社世界文化社 |
| | 〒 102-8192　東京都千代田区九段北 4-2-29 |
| 電　話 | 03-3262-5474（編集部） |
| | 03-3262-5115（販売部） |
| 印刷・製本 | 図書印刷株式会社 |